OSCAR
PRIMI JUNIOR

VIVIANA MAZZA

LA STORIA DI MALALA
RACCONTATA AI BAMBINI

Illustrazioni di Paolo d'Altan

Coordinamento editoriale: copia&incolla s.n.c., Verona
Art director: Fernando Ambrosi
Grafica: Silvia Bovo

www.ragazzimondadori.it

Prima edizione agosto 2015
Quinta ristampa maggio 2017
Stampato presso ELCOGRAF S.p.A.
Via Mondadori, 15 - Verona
Printed in Italy
ISBN 978-88-04-65562-6

Questo libro è nato per raccontare la storia di una ragazza coraggiosa: Malala Yousafzai.

Coraggiosa, perché non è facile difendere i tuoi diritti quando gli altri – più grandi, più forti, più prepotenti di te – la pensano diversamente.

Malala ha alzato la voce per difendere ciò in cui credeva, non solo per se stessa, ma anche per altre ragazze, e l'ha fatto rischiando tutto, perfino la sua stessa vita.

Era il 9 ottobre 2012 quando le hanno sparato, mentre andava a scuola nella valle di Swat, in Pakistan. Aveva quindici anni, e voleva semplicemente imparare. Ma ci sono persone che credono che per le ragazze l'istruzione non sia un diritto.

Quando Malala era in ospedale, centinaia di bambini e ragazzi di ogni età, religione, nazionalità le hanno mandato lettere e disegni colorati, aiutandola a trovare la forza per sopravvivere. Sei mesi dopo l'attentato è tornata a scuola in Inghilterra, mentre dal Pakistan giungevano nuove minacce di morte contro di lei.

Nel 2014, a diciassette anni, ha ricevuto il Premio Nobel per la Pace; l'ha saputo in classe, durante una lezione di chimica. Quella sera mi ha mandato via e-mail un messaggio, che è anche una promessa al mondo intero: «Continuerò a lottare per l'istruzione. Non mi fermerò mai!».

Viviana Mazza

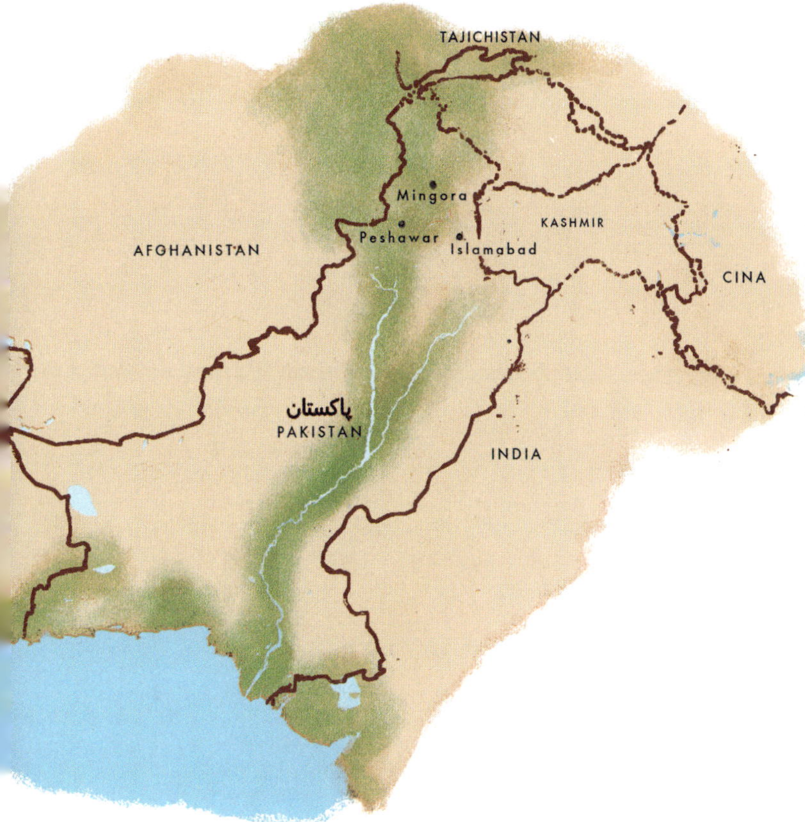

La pernice grigia sa già, oggi,
quello che accadrà domani.
Eppure cammina nella trappola lo stesso,
catturata da un branco di ragazzini.

Khushal Khan Khattak
(poeta e guerriero pashtun, 1613-1689)

Bombe

Gennaio 2009

Le pale dell'elicottero affettano l'aria. Il rumore si fa sempre più forte, sempre più forte, sempre più forte. Poi cominciano i colpi di mitragliatrice, e subito dopo vengono giù le bombe.

Malala si sveglia di colpo.

"Ancora questo brutto sogno" pensa, seduta nel letto, stordita. Da giorni non tornava a tormentarla.

La verità, però, è che non sono solo sogni: anche a occhi aperti sente gli stessi rumori e la stessa ansia. Da mesi gli elicotteri continuano a sorvolare la sua casa.

Dopo aver osservato per un attimo i ricchi ghirigori dorati della coperta color porpora, Malala si sdraia sul fianco destro, con le spalle alla finestra, e chiude gli occhi, cercando di riaddormentarsi al ritmo delle pale: se ascolta con attenzione, può capire quanti sono. Ma non è come contare le pecore. Non la aiuta a prendere sonno.

La prima volta che gli elicotteri hanno sorvolato la città di Mingora, all'inizio della guerra, lei e i suoi fratellini Khushal e Atal, che hanno dieci e cinque anni, si sono nascosti sotto il letto.

Un giorno i soldati hanno lanciato le caramelle da lassù, e hanno continuato a farlo per un po'. Così, ogni volta che i bambini del quartiere li sentivano arrivare, correvano in strada. Ma poi l'esercito deve aver finito le caramelle, perché ha continuato a sparare e basta.

Malala sa che non cercano loro, che danno la caccia ai talebani nascosti tra i monti innevati. Ma sa anche che, se per sbaglio un missile mancasse l'obiettivo, potrebbe colpire casa sua e morirebbero tutti.

Sul giornale poi scriverebbero: "Malala Yousafzai, undici anni, studentessa della scuola media, uccisa insieme ai fratellini, alla mamma e al papà".

Ma gli elicotteri sono solo l'ultimo dei problemi che affliggono la sua adorata valle di Swat, nel Nord del Pakistan.

Dalla fine del 2007 i talebani pachistani e l'esercito si combattono senza che l'uno abbia la meglio sull'altro. Ci sono dodicimila soldati, sono praticamente dappertutto a Mingora, hanno pure i carri armati. Si dice che i loro nemici siano solo tremila, eppure non riescono a stanarli.

La gente ha paura, perché intanto i talebani impongono a tutta la popolazione i loro ordini.

Spesso lo fanno attraverso volantini distribuiti per strada, come quando hanno messo fuorilegge la musica.

Al calare della notte i talebani parlano alla gente via radio. Usano un canale illegale. Solo qualche sera fa hanno annunciato:

Dal 15 gennaio, le ragazze non devono più andare a scuola. Altrimenti i loro guardiani e gli istituti scolastici saranno ritenuti responsabili.

Mancano ancora dodici giorni esatti al 15 gennaio. Nel frattempo i talebani hanno già distrutto centocinquanta scuole nell'ultimo anno, solo perché erano frequentate da ragazze.

Per la famiglia di Malala questa è una notizia doppiamente terribile: suo padre, Ziauddin Yousafzai, possiede una scuola femminile. Come faranno ad andare avanti? Per quattordici anni la scuola ha riempito la loro pancia, oltre che la loro anima.

«Malala, la colazione è pronta!» È già mattina, dopo un'altra notte passata a contare le paure.

Ad aspettarla ci sono le uova fritte, servite con *da warro dodai*, il pane piatto che a Swat è fatto spesso con la farina di riso.

Malala mangia, ma intanto pensa già con timore alla strada da percorrere per arrivare a scuola.

La divisa della scuola è blu. Ha il colletto rotondo e il bordino bianco. Arriva fino al ginocchio e va indossata su un paio di pantaloni chiari. Se fa freddo, c'è anche un maglione rosso da mettere sopra. E, per ultimo, l'ampio scialle scuro, appoggiato sulla testa e avvolto intorno alle spalle.

Come sempre, la mamma ha stirato la divisa e l'ha appesa in bella vista nella sua stanza. A Malala piace molto, tanto che, dopo colazione, sta per mettersela. Ma poi si ricorda che, stavolta, la preside ha chiesto di presentarsi con i vestiti normali, per non dare nell'occhio. E così, sceglie il suo abito preferito, rosa.

Poi si mette sulle spalle lo zaino di Harry Potter e si incammina verso la scuola, che dista solo quindici minuti da casa.

Mentre avanza con i sandali blu sull'asfalto della stradina, pensa che in tutto il mondo, a quell'ora del mattino, tante altre ragazze stanno andando a scuola. Ma i talebani sostengono che le studentesse come lei andranno all'inferno.

Procede con calma, a passi regolari, costeggiando i muri di mattoni che circondano i giardini delle case. Alcuni sono protetti dal filo spinato. Dalle sommità spuntano ciuffi ribelli di cespugli e qualche cima d'albero.

Papà preferisce non accompagnarla. Non vuole attirare l'attenzione e rischiare di metterla in pericolo, perché lui è conosciuto, a Mingora.

Molte delle compagne indossano abiti dai colori allegri, quel giorno. In classe c'è un'atmosfera così familiare... Ma all'assemblea del mattino la preside Aghala raccomanda a tutte di mettersi abiti meno sgarganti, l'indomani.

Sedici sedie su ventisette sono vuote.

Tre delle sue migliori amiche sono già partite con le loro famiglie, si sono trasferite a Peshawar, Lahore e Rawalpindi, città più sicure, lontane da lì.

Anche Zakia se n'è andata: suo padre faceva il maestro alla scuola elementare in un paesino vicino a Mingora e sua madre l'infermiera, ma i bombardamenti dell'esercito da una parte, e i posti di blocco dei talebani dall'altra, li hanno convinti a portare la famiglia in salvo. Altrove.

Ci vuole coraggio per restare, e anche se è poco più che una bambina, Malala sa già che non può permettersi di sembrare allarmata o spaventata.

E poi il suo papà le ha dato il nome di una guerriera: Malalai di Maiwand, vissuta da quelle parti centocinquant'anni prima. In realtà viveva in Afghanistan, ma a quei tempi i confini tra Pakistan e Afghanistan non esistevano ancora.

Malalai era la figlia di un pastore, aveva diciassette o forse diciotto anni e, proprio quando stava per sposarsi, gli inglesi invasero l'Afghanistan. Il padre di Malalai e il suo promesso sposo si arruolarono, e lei li seguì per curare i feriti e portare acqua e armi ai combattenti.

A un certo punto, mentre si scontravano in un posto chiamato Maiwand, uno dei portabandiera fu ucciso, e le truppe afghane stavano per perdere la speranza. Fu allora che Malalai corse nel campo di battaglia, si tolse il velo che le copriva i capelli, ne fece una bandiera.

E cominciò a cantare:

Con una goccia del sangue del mio innamorato
versato per difendere la madrepatria
mi traccerò un puntino rosso sulla fronte
e sarà di una bellezza tale
da far invidia alle rose del giardino.

La fierezza di Malalai fece arrossire di vergogna gli uomini che già si stavano ritirando, e li incoraggiò a continuare a lottare.

Lei fu colpita e uccisa. Ma, grazie al suo gesto, il suo popolo vinse la battaglia.

Anche Malala e le sue compagne spesso intonano quella canzone: è la prova che una ragazza coraggiosa può fare cose incredibili.

Da un paio di giorni Malala ha iniziato a tenere un diario su internet in cui racconta le sue giornate. In questo modo, può far capire alla gente di tutto il mondo quanto sia diventata difficile la vita nella valle di Swat.

Malala firma il diario con il nome Gul Makai.

A parte mamma e papà, nessuno deve conoscere la sua vera identità. È il loro segreto.

«Sorpresa!» Una nuvola di bambini ha circondato Malala mentre era ancora immersa nei suoi pensieri. Sono arrivati zio Zeeshan e tutta la sua famiglia. Non si sentivano sicuri nella loro casa in campagna, dove i combattimenti sono ancora più feroci. Così, dopo avere aiutato un po' la mamma nelle faccende di casa e dopo aver fatto tutti i compiti, Malala passa il pomeriggio a giocare con i cugini tra gli alti muri di mattoni del cortile, cercando di non travolgere le rose del giardino e i panni appesi ad asciugare.

Malala si sente un po' responsabile, visto che lei ha undici anni ed è la più grande, ma alla fine si lascia trascinare dalla spensieratezza dei piccoli e si diverte.

Il gioco preferito dei cugini è mosca cieca. Malala viene bendata con una sciarpa annodata dietro la nuca e deve correre per prendere gli altri.

Anche i talebani si coprono il volto quando infliggono le loro punizioni.

Una volta Malala ha guardato al computer uno dei CD che distribuscono alla gente per strada: il "colpevole" era stato disteso a faccia in giù per terra, davanti alla folla, mentre tre o quattro uomini incappucciati lo tenevano fermo. E un quinto lo colpiva sulla schiena con una frusta di pelle.

«Uno! Due! Tre!» conta Malala bendata, per dare ai cugini il tempo di allontanarsi, prima di andare a cercarli.

«Uno! Due! Tre!» urlava la folla di spettatori nel video, contando ogni frustata.

Malala non riesce a capire perché la gente vada in piazza ad assistere a quello spettacolo, ma si sforza di non pensare ai talebani e alle ingiustizie.

Gira su se stessa fino a perdere l'orientamento: fa parte del gioco. Poi deve ritrovare l'equilibrio e correre, più forte che può.

Maulana Fazlullah

Pregano, con i palmi delle mani aperti davanti al volto. Poi cenano seduti per terra, a gambe incrociate, davanti alla tovaglia azzurra stesa ai piedi dei divani in salotto. La mamma ha preparato lo spezzatino di manzo al curry e riso in abbondanza. E dopo cena, Malala versa il tè con il latte.

Alla fine papà si siede sul divano e come tutte le sere cerca di sintonizzare la radiolina portatile.

È tutto normale, ma è una normalità diversa da quella di un anno e mezzo prima. Allora dopo cena si andava a passeggio. Ora dopo il tramonto è pericoloso uscire.

Così si resta in casa ad ascoltare la radio. Una radio senza musica, che trasmette solo le prediche dei talebani.

«Stasera non prende» dice papà.

Ma continua a provare: gira la rotellina sul lato destro dell'apparecchio e tutti tengono le orecchie tese per afferrare la voce familiare del *Maulana* Fazlullah, il capo dei talebani.

Suo padre non è certo un ammiratore, ma si sintonizza per conoscere le mosse dei miliziani e cercare di capire come può proteggere la sua famiglia e la sua scuola.

Maulana Fazlullah è il capo dei talebani nella valle di Swat e nella sua storia non si riesce più a distinguere la realtà dalla finzione.

Da giovane lavorava alla seggiovia costruita per superare il fiume, oltre a fare il predicatore in moschea. Ora ha una trentina d'anni.

Qualcuno assicura che conosce a memoria il libro sacro del Corano, altri però sostengono che sia solo un imbroglione che non ha mai terminato gli studi.

Si racconta che vada sempre in giro in groppa a un cavallo bianco.

Solo una cosa è certa: è la radio che ha fatto la sua fortuna.

Grazie alla radio, *Maulana* Fazlullah è riuscito a raggiungere un pubblico enorme.

Per questo la gente della valle l'ha soprannominato *Maulana* Radio.

All'inizio raccomandava di pregare cinque volte al giorno e di non commettere peccati. Criticava il governo corrotto e la guerra degli americani in Afghanistan.

Molti credevano che *Maulana* Fazlullah fosse una specie di Zorro, solo che al posto della maschera aveva una lunga barba che gli copriva metà del volto. E al posto del cappello portava un turbante nero. O meglio ancora: credevano che fosse una specie di Robin Hood. Prometteva lavoro ai disoccupati e terra da coltivare ai braccianti nullatenenti. Pancia piena e giustizia nella vita, e infine il paradiso nell'aldilà. Cosa volere di più?

C'è chi gli ha regalato oro e denaro, chi farina, olio e zucchero, chi cemento e mattoni. Le donne gli hanno donato i gioielli, simbolo del loro onore e della loro indipendenza economica. Altre cose se le è prese da solo, senza permesso: come il terreno oltre il fiume, non lontano da Mingora, dove, grazie a tutte quelle offerte, ha costruito una grande *madrassa*, una scuola di religione su due piani. Nessuno lo ha fermato.

Man mano che i suoi seguaci aumentavano, però, *Maulana* Fazlullah è diventato sempre più rigido e intollerante. E ha cominciato a vietare tutto.

La lista è lunga.

Guardare film e TV: proibito.

Ascoltare musica o ballare: peccato.

Radersi: un'usanza occidentale da bandire.

Le vaccinazioni contro la poliomielite: un complotto americano.

Non esiste un aspetto della vita su cui il capo dei talebani non abbia qualcosa da ridire, inclusa la moda femminile.

Vuole che le donne quando escono portino il *burqa*, con un minuscolo rettangolo a rete davanti agli occhi. Ma ancora meglio se non escono proprio, perché il posto delle donne è la casa.

La gente adesso vorrebbe dire a *Maulana* Fazlullah e ai suoi seguaci: "Con tutto il rispetto, andatevene!". Ma ormai è troppo tardi. Sono tanti, sono dappertutto. Accendono enormi falò e danno alle fiamme televisori, videoregistratori e computer. Si appostano agli incroci e ordinano agli automobilisti di smontare le autoradio. Uccidono gli anziani per privare la comunità dei suoi saggi e della memoria, e distruggono anche le moschee se i *mullah* non li appoggiano. Sono pronti a sfigurare le donne con l'acido.

Questi pensieri fanno battere forte il cuore

di Malala: non sa dire se sia più grande la paura di andare a scuola, giorno dopo giorno, o quella di non poterlo fare mai più, dopo il 15 gennaio.

Manca poco più di una settimana: e poi?

A un tratto guarda il paesaggio fuori dalla finestra: il crepuscolo le sembra sempre così carico di premonizioni.

Maulana Fazlullah si nasconde da qualche parte su quelle alture: da lassù parla alla radio, e da lì si sposta per colpire i suoi nemici.

Tra poco le montagne diventeranno invisibili, e le piccole luci di Mingora si accenderanno timide, una dopo l'altra, come per non farsi notare troppo.

Dietro ognuno di quei lumicini un po' sfocati ci sono tante famiglie come la sua, riunite intorno a un pasto e alle proprie storie. E in quel momento Malala capisce una cosa importantissima: i talebani possono sparare, bombardare, gettare l'acido in faccia alla gente, ma non possono distruggere tutto. Non possono cancellare i ricordi felici delle persone.

Mercato

Scarpe, vestiti, giocattoli, gioielli, profumi, reggiseni, smalti colorati riempiono le bancarelle fino a straripare: è il Cheena Bazar, il bazar "della sorgente".

La gente di Mingora lo chiamava il "mercato delle donne", solo che adesso le donne non ci possono più andare.

Fino a pochi mesi fa Malala e sua madre, Toorpekai, acquistavano qui i tessuti, per i divani del salotto come per la divisa scolastica.

Per Eid al-Fitr, la festa alla fine del Ramadan, il bazar era sempre affollatissimo di clienti in cerca di regali. E nel giorno dell'Indipendenza le strade del mercato venivano decorate con migliaia di bandierine pachistane e ghirlande di foglie e di fiori.

Non più.

Non è più la stessa cosa, da quando i talebani hanno vietato alle donne di andare a fare spese.

Così Malala e la mamma se ne stanno alla larga dal bazar, e mandano il papà, quando è proprio necessario.

I negozianti soffrono, seduti a guardare le pareti delle loro botteghe semideserte, in attesa di clienti che non arriveranno. Ormai riescono a malapena a pagare l'affitto e la luce elettrica.

Le donne restano chiuse in casa, troppo spaventate non solo per fare compere, ma anche per mettere il naso fuori se non è indispensabile.

All'inizio i talebani se la sono presa con le ballerine e i musicisti, costringendoli a lasciare il lavoro e a pubblicare sui giornali annunci in cui promettevano di condurre una vita pia. Poi hanno cominciato a criticare tutte le donne che lavoravano. Le hanno obbligate a mettersi il *burqa*, che le copre dalla testa ai piedi.

La signora Bibi, che fa le pulizie nella scuola di Malala e ama indossare colorati scialli a fiori, si lamenta sempre: «Mi manca l'aria» dice.

Non è l'unica.

«Mi sembra di essere un cavallo con i paraocchi» ha sbuffato una volta, arrabbiata, la signora Shahi, che insegna alle elementari.

La maestra più giovane, Sharisa, cerca invece di sdrammatizzare: «Ho due identità, proprio come Spiderman!» dice alle allieve sgusciando fuori da quell'involucro di stoffa, tutta spettinata.

Uscire di casa è diventato un grosso rischio.

Spesso, al calare della sera, i talebani trasmettono alla radio una serie di nomi: i "colpevoli", che meritano la morte, e i "pentiti", che possono essere risparmiati.

A volte nella lista dei pentiti ci sono infermiere, maestre e anche studentesse che hanno smesso di lavorare, di insegnare, di andare a scuola.

E ogni nome di donna che viene letto alla radio è il nome di una donna che scompare: dai mercati, dalle scuole, dal lavoro, dalla vita.

L'esercito si è offerto di schierare i soldati davanti alla scuola, ma papà ha rifiutato: se i talebani vogliono chiuderla con la violenza, non sarà con la violenza che lui la terrà aperta.

«Siamo nelle mani di Dio» dice sempre.

Quando entra dal cancello nero di metallo, Malala sente le compagne che stanno cantando l'inno nazionale in cortile, come ogni giorno alle 8 in punto.

Benedetta sia la sacra terra
felice sia il regno generoso
tu, simbolo di risolutezza
o terra del Pakistan!

Malala cerca Laila con lo sguardo. Non è difficile, visto che le ragazze sono una ventina in tutto. "Per fortuna mi è rimasta lei" pensa Malala ricambiando il sorriso della sua amica.

Dopo l'inno, la preside annuncia ufficialmente l'inizio delle vacanze invernali. In questo periodo dell'anno si fa sempre una pausa di un paio di settimane, prima degli esami.

Ma stavolta è diverso.

Di tanto in tanto il discorso della preside viene interrotto dal rimbombo delle esplosioni, piuttosto vicine.

Le bambine più piccole sono molto scosse, ma anche sul volto di Laila si legge l'incertezza: la signora Aghala ha parlato dell'inizio delle vacanze, ma non ha detto quando finiranno.

Non può essere un caso.

"Allora è vero? È l'ultimo giorno di scuola? L'ultima volta che ci ritroviamo tutte insieme tra queste mura, l'ultima volta che sediamo tra i banchi dov'è nata la nostra amicizia?" pensa Malala mentre un'altra sua amica, Fatima, affannata, si unisce alle altre in ritardo.

«I miei genitori e i miei fratelli volevano tenermi a casa oggi» bisbiglia nell'orecchio a Malala. «Ma quando sono usciti tutti, io sono corsa qui di nascosto. Vogliono che andiamo via dalla valle» continua. «Sono convinti che la scuola non riaprirà mai più.»

Quel giorno, prima di tornare a casa, le amiche si abbracciano con più calore che mai. E nonostante la tristezza, ridono, per allontanare la solitudine che, lo sanno già, seguirà questo momento. Stringendola a sé, Malala fa una promessa solenne a Fatima: «Forse ci vorrà tempo, ma un giorno la nostra scuola riaprirà».

Quando esce dal cancello e se lo chiude alle spalle, esclama a voce alta: «Arrivederci, classe!».

Poi, però, si volta un attimo a osservare quell'edificio che considera la sua seconda casa.

E sente che potrebbe essere davvero l'ultima volta.

Se un anno fa qualcuno le avesse detto: "Le vacanze diventeranno una brutta cosa, anzi una cosa insopportabile", Malala non ci avrebbe mai creduto. Invece adesso si annoia.

Tutte le giornate sono uguali. Cominciano e finiscono con lunghe notti di esplosioni che la svegliano di continuo.

La mattina può alzarsi anche alle 10, come fa dal giorno dopo la chiusura della scuola, ma che gusto c'è se poi deve restare sempre chiusa in casa?

La cosa più eccitante – e ha smesso molto presto di esserlo – è giocare con le biglie in cortile insieme ai cugini.

Nel pomeriggio vengono degli insegnanti per farle qualche lezione privata, perché non resti indietro con le materie.

A volte Malala gioca un po' con il computer, ma non si diverte più di tanto.

Potrebbe iniziare a leggere un altro libro. Ha appena finito *L'alchimista* di Paulo Coelho, e le è rimasta impressa una frase: "Quando vuoi qualcosa, l'universo intero cospira per aiutarti a realizzarlo".

Di andare a scuola non se ne parla, comunque.

Negli ultimi cinque giorni, i talebani hanno raso al suolo cinque scuole, una delle quali vicino a casa sua.

«Non possiamo correre rischi» dice papà. «Tornerai in classe quando i talebani daranno il permesso via radio a tutte le bambine.»

La mamma si affretta a cambiare discorso. «Mi piace il tuo nome segreto, Gul Makai.»

Papà annuisce. «Sai che la preside Aghala qualche giorno fa mi ha portato una copia stampata del tuo diario? Mi ha detto: "Questa bambina è davvero brava". Io avrei voluto dirle che a scriverlo sei tu, ma non potevo.»

«D'ora in poi chiamiamola Gul Makai» propone la mamma. Non le è mai piaciuto il nome triste di Malala.

Gul Makai significa "fiore di granturco", ed è anche il nome dell'eroina di un'antica storia d'amore pachistana: quella tra Gul Makai e Musa Khan. È la storia di una ragazza e di un ragazzo che s'incontrano e s'innamorano, ma le rispettive tribù sono contrarie, un po' come accadde a Giulietta e Romeo. E quindi scoppia una guerra. Gul Makai però, senza perdersi d'animo, va dai capi religiosi e, citando il Corano, li convince che quella guerra non ha senso.

I religiosi si mettono in mezzo e spingono le tribù a ristabilire la pace. E Gul Makai e Musa Khan vissero felici e contenti.

Ma è solo una fantasia. È chiaro che i genitori non cambieranno mai il nome a Malala: l'identità di Gul Makai deve restare segreta.

L'ESILIO

MAGGIO-LUGLIO 2009

«Non abbiamo scelta...» dice papà mentre insieme alla mamma infila in fretta e furia i vestiti in valigia.

«Ma siamo innocenti! Perché dobbiamo andarcene?»

«Non ti preoccupare, Malala, torneremo. Ma ora devi essere coraggiosa.»

Gli scontri con i soldati si sono fatti sempre più frequenti e l'esercito ha annunciato una nuova offensiva per riconquistare Swat.

Più di due milioni di persone lasciano le loro case. La gente abbandona la città a piedi, trasportando pochi averi in borsoni e sacchetti.

Un autobus rosso con la scritta "Allah" è così pieno che alcuni viaggiatori si sono seduti sul tetto, pur di partire.

E poi camion, furgoni, trattori carichi di famiglie in fuga. Uno trasporta sul retro persino una mucca. Non hanno scelta, se vogliono salvarsi.

Come se non bastasse, dopo aver criticato i talebani apertamente sui giornali, il padre di Malala è ormai nella loro lista nera: un comandante, alla radio, ha chiesto la sua testa.

Addio, Mingora.

Insieme alla mamma e ai fratelli, Malala va a casa di una zia, a Haripur, poco più a nord della capitale Islamabad. Papà invece si stabilisce a sei ore di distanza, a Peshawar.

Peshawar è una grande città, è il capoluogo della regione: lì possono organizzare proteste in piazza e fare interviste per tenere alta l'attenzione sulla valle.

Ora che non vivono più insieme, a Malala il papà manca moltissimo. Ha nostalgia dei suoi discorsi, dei suoi racconti.

All'inizio Ziauddin dice a Malala che l'operazione dell'esercito finirà nel giro di due o tre giorni.

E lei, lasciandosi contagiare dal suo ottimismo, lo riferisce alla madre: «Papà dice che vinceremo e torneremo a Swat! Mamma, vedrai, io andrò a scuola e così un giorno diventerò dottore, e cambierò il destino della nostra gente».

Passano uno, due, tre giorni…

Papà dice a Malala che l'operazione finirà in una settimana.

A casa della zia c'è una pernice. La tengono in cortile, dentro una gabbietta di legno. A volte la gente in Pakistan e in Afghanistan le alleva per i combattimenti, oppure come animali domestici. Ma quando sono libere di correre nei prati, oltre che di volare, non c'è creatura che si muova con più garbo. Così scrivono i poeti, e non c'è complimento più grande per una ragazza che dirle che ha la grazia di una pernice. Malala le porta da bere, e ogni volta ripensa alle galline rimaste nel cortile di casa sua. Chissà se sono ancora vive. Chissà se la sua casa e la sua scuola sono ancora in piedi.

Passa una settimana.

Dalla zia non ci sono elicotteri né bombe. Ma il silenzio spacca i timpani.

E passano pure la seconda settimana, la terza, la quarta...

Malala è annoiata e arrabbiata. Ha lasciato tutti i suoi libri a Mingora. Si siede davanti all'altalena, vestita di rosa, e guarda i fratelli che si dondolano.

A volte gioca con loro, altre volte si siede sul letto, con il ventilatore che ronza alle sue spalle, i piedi al sole e la testa nella penombra.

Guarda il fratellino Atal che fa la ruota nel prato e pensa che, in fondo, ci sono persone che stanno molto peggio di loro: ammassate nei campi profughi.

"Come posso aiutare il mio popolo? Come posso cambiare il loro destino?" si domanda Malala, mentre dà da bere alla pernice.

Si dice che di notte le pernici fissino la luna, seguendola nel suo tragitto nel cielo. A volte la gente le libera per fare una buona azione, nel nome di Allah.

«Mamma, ho un nuovo sogno!» esclama un giorno. «Devo fare politica, per servire il nostro Paese. Ci sono troppe crisi. E io voglio risolverle, per salvare il Pakistan.»

«Malala» le dice la mamma con dolcezza, «lo sai, puoi fare quello che vuoi della tua vita.»

Alla fine, in uno di quegli eterni giovedì d'estate, mentre lei e i suoi fratelli giocano a cricket in cortile, la mamma li chiama in casa. Il primo ministro ha appena fatto l'annuncio tanto atteso: possono tornare a Mingora!

I talebani sono stati cacciati dalle città della valle di Swat, si sono dispersi nelle campagne. Per Malala è il regalo più bello.

Quella domenica è il suo compleanno: dodici anni. A casa della zia le preparano una torta.

E papà? Lui non c'è, e non telefona. Eppure gliel'ha ricordato lei stessa il giorno prima. Quando papà finalmente la chiama per scusarsi, lei gli fa promettere che comprerà il gelato per tutti. Vaniglia: sente già il sapore in bocca. Sapore di casa. E di pace.

Borsoni, cuscini, coperte e un grosso sacco di frumento che, come profughi, hanno ricevuto da un'organizzazione internazionale: papà carica tutto sul retro del pick-up rosso fuoco. Poi salta a bordo, facendo attenzione a non spiegazzare il camicione del suo *kameez partoog*.

Si parte.

Attraversano pianure verdi punteggiate di alberi sparsi.

Percorrono stradine schiacciate sul fianco della montagna oppure scavate nella roccia.

Incontrano camion che vanno e vengono in entrambe le direzioni e auto cariche di passeggeri.

A ogni curva, a ogni carezza del vento che soffia dal finestrino, Malala sente che la sua casa si fa più vicina.

Appare il fiume. Calmo, piatto, con poche increspature bianche.

Anche l'aria è diversa: è quella della sua valle, si avverte l'aroma inconfondibile dei campi di riso.

Papà si mette a ridere.

No, piange.

Anzi, tutt'e due le cose.

Poi si lascia andare sullo schienale.

Strabuzza gli occhi umidi, inghiotte le lacrime, è sopraffatto dalle emozioni.

«Abbiamo vinto, il pacifico popolo di Swat ha vinto!» dice.

Malala osserva tutto con attenzione. In fondo al cuore, però, teme che i loro guai non siano ancora terminati.

Entrano a Mingora e stentano a riconoscerla.

Nel silenzio spettrale, il pick-up avanza a zigzag tra i mattoni piovuti giù dagli edifici bombardati e le insegne dei negozi finite in strada, tra i bidoni e le cassette di legno schierati ancora a formare trincee e barricate. C'è una camionetta abbandonata in mezzo alla via.

Non c'è anima viva.

Mai, nemmeno a mezzanotte, Mingora era apparsa così deserta.

I miliziani sono scappati nelle campagne, ma non sono lontani.

Papà comincia ad aprire il cancello di casa: un giro di chiave, un altro, un'attesa infinita per Malala e i suoi fratelli, che fremono in piedi.

«Molte case sono state derubate» dice papà. Come al solito non nasconde la verità, e forse vuole prepararli al peggio. Atal e Khushal lo seguono subito dentro.

«Oh, mio Dio» mormora papà. Malala sente che il sorriso le si dipinge sul viso, alla vista del cortile, dove le piante sono cresciute senza controllo.

«Sembra una giungla!»

«Sì, una giungla» ripete papà. «Ma è bellissimo, è bellissimo!»

I fratellini corrono a cercare le galline, fra le travi di legno crollate in cortile.

«Sono qui?» chiede papà.

«No, non ci sono!» grida Atal. Ma resta immobile, con gli occhi fissi in un angolo, in fondo.

Malala si avvicina a passi lenti. C'è un mucchietto di piume in quel punto. Si china a guardare. Marroni, grigie, leggere, soffici, un osso che spunta fuori.

«Le galline sono morte» decreta. Khushal inizia a singhiozzare, lì in piedi, nell'angolo. Lei corre dentro casa.

«Malala? Malala?» la chiama papà.

Lei si siede sul letto, dando le spalle alla

porta: non riesce a trattenere le lacrime. Vuole restare da sola, vuole piangere per quella morte insensata che la fa soffrire in un modo che un adulto non potrà mai capire…

«Malala?» chiama di nuovo papà. Lei si rifugia in un'altra stanza. Poi, seduta sulla coperta a fiori bianchi del letto dei suoi genitori, si asciuga gli occhi.

Va a controllare i libri e i quaderni. Li sfoglia. È tutto a posto.

«Le galline sono morte, ma i libri ci sono. I libri sono più preziosi.»

Il papà va a vedere la scuola.

«Qualcuno ha vissuto qui» osserva, perlustrando le classi. Molte sono state svuotate, le sedie sono ammonticchiate in un'unica stanza, contro una parete con la mappa del Pakistan.

Su una sedia c'è l'impronta di una scarpa.

Mozziconi di sigarette per terra.

Malala decide di investigare. Rovistando tra le carte nell'ufficio di suo padre trova il diario di Fatima, e mentre si chiede cosa ci faccia lì, nota il disegno di un fucile e una frase sgrammaticata scritta in inglese, che di certo non sono opera della sua rivale nei dibattiti.

"Io Fiero di essere pachistano e un suldatto di un Esercito del Pakistan."

Una volta Malala era così orgogliosa dell'esercito: pensava che avrebbe protetto la sua scuola. Ora si vergogna di questi militari.

Gli stessi che, in un'altra stanza, hanno lasciato una lettera: "Abbiamo perso molte preziose vite di soldati, e tutto a causa della vostra negligenza". Danno la colpa agli abitanti per aver lasciato che Swat cadesse nelle mani dei talebani.

Nell'aula di matematica ci sono diversi buchi nelle pareti: probabilmente servivano per sparare. Malala guarda attraverso uno di quei fori, e vede le case dall'altra parte della strada. «I talebani ci hanno distrutto.»

Un elicottero sorvola la scuola.

Sul muro di quella classe, uno dei soldati ha scritto in inglese: WELCOME TO PAKISTAN.

Fiore di granturco

Agosto 2009 - dicembre 2011

«Gul Makai sono io. Ecco, ora lo sanno tutti. Non è più un segreto. Volevo gridare, volevo dire al mondo intero cosa stava accadendo. Ma non potevo. I talebani avrebbero ucciso me, mio padre e tutta la mia famiglia. Sarei morta senza lasciare alcun segno. Per questo ho scelto di scrivere sotto pseudonimo. E ha funzionato, la mia valle è stata liberata.»

Malala parla in TV. Quella bambina che scriveva contro i talebani è cresciuta e ora non deve più nascondersi.

La sua vita le sembra un film.

Un tempo sognava di vedere la valle libera dalle grinfie dei talebani e le ragazze volare spensierate come farfalle. I suoi sogni sono diventati realtà: è felice, felice, felice.

"Studentessa di Swat" scrivono sotto il suo nome, quando appare in televisione. Poi, con il passare dei mesi: "Attivista per i diritti dei bambini".

Ora nella sua valle tante cose sono cambiate. Tutti sono liberi di studiare, di giocare, di cantare, di andare al mercato, e le ragazze non hanno paura dei talebani. Anche Zakia è tornata a Mingora, e finalmente tutte le amiche sono di nuovo insieme.

Il cinema è pieno di ragazzini che sgranocchiano *samosa* e bevono tè guardando film in cui si spara per quasi tutto il tempo. Malala preferisce le commedie romantiche.

Non bisogna farsi troppe illusioni, però.

Swat non è più il paradiso di un tempo.

Le allieve fanno lezione nelle tende o sotto gli alberi, sedute sui mattoni che una volta formavano i muri delle classi.

Pare che *Maulana* Fazlullah sia scappato in Afghanistan.

A volte il cuore della città viene chiuso alle motociclette per paura che le usino i kamikaze. In un centro di addestramento della polizia, sedici reclute vengono uccise da una bomba. Un'insegnante dice di tenere ancora il *burqa* appeso in camera: «Non si sa mai».

Le settimane diventano mesi, e i mesi diventano anni. Le terribili inondazioni dell'estate 2010 spazzano via interi villaggi. Un anno dopo la guerra molte scuole non sono ancora state ricostruite.

Tanti giovani restano disoccupati. Non c'è lavoro, e la gente continua a non aver fiducia nel governo.

Le presentatrici che la intervistano in TV

sono così alla moda: tacchi alti, tanto trucco. Lei è acqua e sapone, e sempre con il velo in testa. Qualche volta le mettono un po' di rossetto rosa sulle labbra e un filo di *kajal* nero sul bordo delle palpebre. Certo, le ragazze della sua età a Mingora non sono "visibili" come lei. Un papà diverso dal suo magari si preoccuperebbe, e chissà se un marito approverebbe. Malala, però, non pensa ancora a queste cose. Pensa al lavoro da fare.

«Costruirò un'università per le ragazze, e una fondazione per le studentesse più povere. Se un talebano verrà da me, mi toglierò un sandalo e lo userò per schiaffeggiarlo» dice in televisione.

«Ma lo sai che i talebani hanno bombe e pistole?» le fa notare un giornalista. «Ti diranno che sei una ragazzina, che hai quattordici anni, quindi devi obbedire e basta.»

Non ha tutti i torti. Cosa succederà se rifiutano di ascoltarla? Malala ci pensa e ci ripensa, e all'improvviso si rende conto che la soluzione è ovvia, è sempre stata davanti ai suoi occhi. Deve fare come Gul Makai.

Anche lei era una ragazzina. Però ha alzato la voce. Ha usato il Corano, in cui credeva la sua gente, ed è riuscita a mettere fine a una guerra ingiusta.

«Mostrerò ai talebani il Corano, lo stesso libro che usano per giustificare le loro azioni. Da nessuna parte, nel Corano, c'è scritto che le ragazze non possono andare a scuola.»

9 ottobre 2012

«È finita!» Zakia sale sul pulmino della scuola e, con un sospiro, appoggia lo zaino a terra e le spalle allo schienale. Le frullano ancora in testa tutte le domande del compito in classe di urdu.

Chiacchierando, le ragazze avvolte in grandi scialli scuri si stringono l'una all'altra dentro il pulmino, che non ha niente a che fare con gli autobus gialli della scuola che si vedono nei film americani. È un pick-up bianco: un furgone con la cabina separata per l'autista e uno spazio sul retro coperto da un telone di plastica, per riparare dal vento.

Le ragazze entrano da dietro, e si siedono sulle tavole di legno montate a formare delle panche. A volte, quando l'autista Usman accelera, non sanno come tenersi e rischiano di finire l'una addosso all'altra, tra lo spavento e le risate generali.

Malala salta a bordo e prende posto accanto a Zakia. Poi sale Laila, sorridente come sempre, e si siede vicino a Malala.

«… Dodici, tredici…» conta una delle tre insegnanti che le accompagnano, «… e quattordici.»

L'ultima ragazza in fondo chiude le tende verdi sul retro. Si parte. Sono allegre e cominciano a cantare:

Con una goccia del sangue del mio innamorato
versato per difendere la madrepatria
mi traccerò un puntino rosso sulla fronte
e sarà di una bellezza tale
da far invidia alle rose del giardino.

Zakia è pensierosa. Fissa le tende che oscillano al vento, unico spiraglio verso il mondo esterno in quel furgoncino senza finestre. Ondeggiando, il tessuto lascia intravedere la strada polverosa di Mingora. Ogni cosa è avvolta da una nube giallastra, ma si distinguono alcune figure là fuori, nel viavai di mezzogiorno.

Un uomo cammina curvo, con un grande sacco sulle spalle e in braccio un bambino di pochi anni.

Due giovani sfrecciano veloci a bordo di una moto.

Alcuni risciò blu e verdi sono fermi ai lati delle strade, altri in movimento nel traffico.

I camion sono ricoperti di minute decorazioni floreali e geometriche.

Anche gli orecchini pendenti di Laila prima oscillavano avanti e indietro, avanti e indietro, come le tende del furgone. Ma ora sono stranamente immobili.

Si gira verso l'uscita: anche le tende hanno smesso di fluttuare.

E d'un tratto si spalancano.

È un attimo. Un ragazzo con la barba infila la testa nell'abitacolo. «Chi di voi è Malala?» grida. E intanto scruta le ragazzine a una a una.

Ha in mano una pistola, e tutte iniziano a urlare.

«Zitte!» ordina. E loro si ammutoliscono.

«Chi è Malala?» ripete. «Rispondete all'istante, o vi ammazzo tutte! Malala ha insultato i soldati di Dio, i talebani, e per questo sarà punita.»

Malala, che avrebbe voluto dire tante cose, sembra paralizzata dalla paura, e non trova in gola neppure l'aria per fiatare.

Zakia si accorge che alcune compagne si sono girate verso l'amica dai grandi occhi castani.

Anche lo sguardo del ragazzo con la pistola si ferma su Malala. Nessuna ha detto una parola, ma lui deve aver capito. Ora la sta fissando.

È questione di secondi.

Gli spari esplodono sordi, senza pietà.

La testa di Malala ondeggia leggermente all'indietro.

Il suo corpo cade di lato e si accascia in grembo a Laila, come al rallentatore.

Laila urla.

Il suo grido viene spezzato da un colpo che la raggiunge alla spalla destra, e poi da un altro alla mano sinistra, con cui stava cercando di proteggersi.

Anche Zakia sente un forte dolore, le sembra che un braccio e il cuore le stiano per scoppiare.

E sul mondo intero cala l'oscurità.

La piccola ambulanza corre, preceduta e seguita dalla sua sirena. Si lascia alle spalle il pulmino con i sedili macchiati di sangue e gli zainetti ancora sparpagliati per terra.

L'ambulanza sfreccia nella città, che continua a muoversi, a esistere.

Il letto di un canale senz'acqua, da cui

sono emersi ciottoli scuri e mucchietti di spazzatura.

Un posto di blocco dell'esercito.

Le facciate dei negozi con i sacchi di riso ammonticchiati sulla soglia.

Le insegne delle pensioni, i cartelloni degli internet café, la pubblicità della Pepsi.

L'ambulanza si ferma.

Gli infermieri scaricano la barella su cui è distesa Malala.

Chi la vede da lontano potrebbe pensare che stia semplicemente dormendo, se non fosse per il lenzuolo bianco che la copre, tutto chiazzato di rosso.

La barella viene spinta attraverso i corridoi. L'odore, inconfondibile, è di ospedale, di gente in attesa e impaurita.

Tra i volti si intravedono i baffi neri del papà di Malala. Smarrito, stringe la mano della figlia.

Il papà è ancora con lei quando gli infermieri caricano il suo corpo su un elicottero dell'esercito, che prende il volo.

Se solo Malala potesse aprire gli occhi, vedrebbe le case, le moschee, gli hotel, che dall'alto sembrano tutti uguali, bianchi e marroncini, farsi sempre più piccoli in mezzo alla natura.

La sua città, ancora pallida dopo la guerra tra i talebani e l'esercito, riposa come un malato in convalescenza nel grembo delle colline coperte di pini.

Il grande fiume Swat la lambisce e fa crescere rigogliosi i suoi meli e albicocchi, ai piedi dei picchi più aspri dell'Hindu Kush.

Se Malala potesse volare, vorrebbe planare giù, attraverso le nuvole, accarezzare le foglie giallo oro degli alberi, sentire sulla pelle il vapore delle cascate mentre l'acqua scroscia tra le rocce.

Una volta, la professoressa ha raccontato in classe che durante una visita a Swat, molto tempo fa, la regina d'Inghilterra commentò: «È la Svizzera del Pakistan». E le ragazze, che in Svizzera non ci sono mai state, hanno pensato che se è davvero bella come Swat, di sicuro gli svizzeri sono fortunati.

Se solo Malala potesse respirare a pieni polmoni, sentirebbe l'aria fresca e inconfondibile d'ottobre che preannuncia l'arrivo dell'inverno.

Ma ora la sua mente è altrove.

Il risveglio

16 ottobre 2012

"Dove sono?"

Malala ha appena aperto gli occhi.

Si guarda intorno.

È in un letto d'ospedale, su questo non c'è dubbio. La stanza ha le pareti celesti, e la finestra è coperta da una tenda a fiori dalle tinte tenui: azzurro, beige, marrone chiaro.

Muove lievemente le braccia e le gambe. C'è un'infermiera con la divisa azzurra, gli occhiali, i capelli biondi e ricci raccolti all'indietro. Sorride.

Malala vorrebbe chiederle dove si trova, ma non riesce a parlare, sente qualcosa in gola. Perde conoscenza.

Le sembra di assopirsi e risvegliarsi, non saprebbe dire se per pochi minuti oppure per ore.

In gola ha un tubo che l'aiuta a respirare, però le impedisce di parlare. È un medico a spiegarglielo, in lingua urdu. È un tipo gentile. Le dà un foglio e una penna.

IN QUALE PAESE MI TROVO? scrive Malala.

«Sei in Inghilterra. A Birmingham. Al Queen Elizabeth Hospital.»

DOVE SONO PAPÀ, LA MAMMA, I MIEI FRATELLI?

«In Pakistan, ma arriveranno presto.»

CHE GIORNO È?

«Il 19 ottobre 2012.»

Dieci giorni dopo l'attentato.

Malala se lo ricorda. Le immagini le scorrono davanti agli occhi: il compito in classe, lo scuolabus, gli orecchini di Laila, la strada polverosa, l'uomo con la pistola.

Le ha sparato. Ma lei è viva.

Quella mattina l'infermiera la aiuta ad alzarsi in piedi per la prima volta.

Malala riesce a reggersi sulle sue gambe, ma dopo pochi minuti è già spossata. La testa è pesante, la gola gonfia. Dall'orecchio sinistro non sente quasi niente. Si rimette a letto e l'infermiera le porge un orsacchiotto bianco con un fiocco rosa al collo. Malala lo stringe forte.

Conta almeno otto medici che passano a controllarla giorno dopo giorno. Chi le esamina il lato sinistro della testa: è lì che il proiettile deve averla colpita. Chi le guarda la gola: parlano di un'infezione.

Sul tavolino rotondo di legno, davanti alla tenda a fiori, c'è una montagna di lettere e di disegni che raffigurano il sole, gli alberi, palloncini e mongolfiere. Centinaia di messaggi. L'infermiera ne legge alcuni per lei.

"Cara Malala, spero che tu ti rimetta presto."

“Malala, pensiamo tutti che sei una persona straordinaria.”

“Cara Malala, sei così coraggiosa, sei un esempio per tutti noi.”

Le sembra incredibile che tanti uomini, donne e bambini di tutto il pianeta siano interessati alla sua salute.

PER FAVORE, scrive su un foglietto che porge all’infermiera, RINGRAZIATE TUTTE QUESTE PERSONE A MIO NOME.

Anche se c’è sempre qualcuno con lei, la sua famiglia le manca moltissimo. Ma come può parlare con loro, se non ha più la voce? Un giorno le portano il telefono.

«Malala?» È papà. Lei non può rispondere, ma sentirlo di nuovo la riempie di emozione.

Dopo alcuni giorni, i medici rimuovono il tubo dalla sua gola: l’infezione è passata, e Malala può parlare di nuovo, può mangiare. Appoggiandosi al braccio dell’infermiera, riesce anche a camminare con una certa sicurezza.

«Papà» gli dice al telefono con un filo di voce, «portami i libri quando vieni. Voglio prepararmi per gli esami.» E lo sente commuoversi dall'altro capo del filo.

Un giorno è stesa sul letto a riposare, e finalmente li vede.

Il papà, la mamma, Atal e Khushal entrano nella stanza. E lei, nonostante la stanchezza, tenta di regalare loro un grande sorriso, ma sente che il lato sinistro della bocca non ha la forza di inarcarsi come il destro. I genitori e i fratelli scoppiano in lacrime. Lacrime di gioia. E per quasi un'ora papà non la smette di parlare, di gesticolare, di sorridere.

Atal, seduto al suo fianco, stringe l'orsacchiotto bianco. Dall'altra parte del letto, Khushal, che sembra un po' nervoso, sta in silenzio accanto alla mamma, avvolta in un ampio velo beige. Malala fa fatica a girarsi. Guardando dritto davanti a sé, chiede alla mamma: «Come stanno Laila e Zakia?».

«Sono rimaste ferite, ma si sentono molto meglio. Ho parlato con loro per telefono, e mi hanno chiesto di te. Sono impazienti di rivederti.»

Passano le settimane e ogni tanto, seduta al tavolino con l'orsetto bianco sulle gambe, Malala si ritrova a fissare il vuoto.

Certe volte i bambini non riescono ad addormentarsi per paura dei mostri. Ma Malala i suoi mostri li conosce bene.

Un portavoce dei talebani ha rivendicato l'attentato e ha promesso che riproveranno a ucciderla: si mormora addirittura che *Maulana* Fazlullah in persona lo abbia ordinato. Anche se tutti i pashtun sanno che uccidere i bambini è un enorme disonore, la giustificazione dei talebani è che Malala diffonde idee occidentali contro l'Islam, è apparsa in TV truccata e ammira Obama.

«Ora devi pensare a diventare più forte» le dice papà quando la vede così pensierosa, «in modo che i medici possano fare le ultime operazioni.»

Mentre il papà le legge i messaggi di solidarietà che continuano ad arrivare, Malala pensa alla prima foto che le hanno scattato in ospedale e che è stata pubblicata sui giornali.

In quell'immagine, lei giace sul letto con il volto gonfio, gli occhi cerchiati di ombre scure, un sondino nel naso, una sciarpa bianca appoggiata intorno alla testa: sembra proprio che stia per morire.

"Non accadrà più." D'ora in poi, decide, si farà fotografare con un libro in mano e con un bel foulard a incorniciarle il viso e a nascondere le ferite.

È ora di lasciare questa stanza d'ospedale. L'infermiera è venuta a prenderla. Tre mesi dopo l'attentato, Malala se ne va, non su una sedia a rotelle, ma sulle sue gambe.

Percorre il corridoio a piccoli passi, con la mano sinistra in quella dell'infermiera che l'accompagna, e salutando con la destra tutte quelle persone in camice che le sono state accanto, che l'hanno curata e guarita.

Arrivata davanti alla porta di legno, si ferma per un attimo, e si gira indietro a salutare. I talebani hanno cercato di toglierle la vita, invece l'hanno resa più forte.

Malala è felice. Con i libri nello zaino rosa e il papà al suo fianco, percorre il viale alberato, in direzione opposta al traffico.

È il 19 marzo, il suo primo giorno di scuola. E la sua nuova scuola si chiama Edgbaston High School for Girls.

La divisa è una lunga gonna blu scuro

con un maglione verde, sul quale è cucito un piccolo scudo. Malala ha la testa coperta da un foulard, come è suo diritto, e indossa il cappotto, perché a Birmingham fa freddo.

Quell'uniforme le piace: è la prova che è di nuovo una studentessa, che è padrona della sua vita. Sta andando a scuola. È una cosa importante.

Un sabato, qualche settimana prima, con un'operazione di cinque ore le hanno messo una placca al titanio in testa e un piccolo impianto nell'orecchio sinistro, per aiutarla a sentire. Con un intervento ai nervi del viso sperano di restituirle, col tempo, il sorriso di una volta.

Ma Malala è già felice. È viva, parla, vede tutto, vede la gente. E questa seconda vita vuole dedicarla alle altre persone.

Ora frequenta le superiori. Imparerà tante cose.

Studierà scienze politiche, diritti sociali, legge.

La preside le mostra l'aula di latino, con i banchi candidi e le sedie blu, con i disegni alle pareti e gli scaffali pieni di libri. Poi la accompagna in un grande salone con i tappeti persiani sul parquet, e le mostra una vetrina piena di trofei: sono i premi che alla fine dell'anno vengono assegnati alle studentesse migliori.

Anche Laila e Zakia hanno ricevuto un premio in Pakistan: una medaglia al valore che di solito viene data ai militari, la Stella del Coraggio. E di coraggio ne hanno da vendere: vivono sotto scorta, con le guardie armate davanti casa. Non prendono più l'autobus della scuola, ma un risciò accompagnato da una pattuglia della polizia, e chiedono sempre di non passare dal luogo dell'attentato: fa ancora troppa paura.

Però continuano ad andare a scuola.

Malala sa che farà nuove amicizie a Birmingham, le ragazze sono gentili. Ma le sue vecchie compagne le mancano tanto. Quando può parla con loro per telefono o via Skype.

Laila ha chiesto a Malala di tornare. «Sei una figlia di Swat, è tuo dovere.»

«Per adesso non lo so, ci sono troppi rischi.»

Il papà di Malala promette che rientreranno in Pakistan non appena lei starà bene. Dice che Swat, per loro, è importante come l'acqua per i pesci. Per ora, comunque, è stato assunto al consolato pachistano di Birmingham. Anche la mamma e i fratelli si sono trasferiti lì.

Malala ha parlato con Fatima al telefono: lei non le ha chiesto niente. Le ha promesso una cosa, però: «Non permetterò a nessuno di sedersi al tuo posto».

Ogni mattina, Fatima mette lo zaino sul banco di Malala, l'ultimo a destra in seconda fila. Così, vedendo quella sedia vuota, le compagne non potranno mai dimenticarsi di lei.

Forse ci vorrà tempo, molte lune attraverseranno il cielo, ma quel piccolo battaglione di amiche aspetterà il suo ritorno.

GLOSSARIO

BAZAR Mercato tipico dell'Oriente e dell'Africa settentrionale.

BURQA È un indumento femminile che copre il corpo dalla testa ai piedi. Nel Nord del Pakistan il *burqa* è usato in alcune comunità nelle zone tribali e in alcune aree rurali. Ci sono due tipi di *burqa*: il primo ha una rete all'altezza degli occhi, che permette di vedere senza essere viste; l'altro ha un tessuto davanti al volto, con o senza una fessura per gli occhi.

DA WARRO DODAI Un pane che a Swat è solitamente impastato con la farina di riso. Rotondo e schiacciato, fritto nell'olio, si mangia anche a colazione accompagnato da uova fritte.

EID AL-FITR La festa alla fine del digiuno del Ramadan.

GUL MAKAI Letteralmente, nella lingua pashto significa "fiore di granturco"; è il nome dell'eroina di una vecchia storia locale simile a *Romeo e Giulietta*.

Kajal (o kohl) Cosmetico usato per scurire le palpebre e come mascara per le ciglia.

Kameez partoog Completo formato da una lunga camicia o tunica che si indossa sopra i pantaloni. È un termine della lingua pashto (in urdu si chiama *shalwar kameez*).

Kamikaze Attentatore suicida.

Madrassa Letteralmente "scuola" (in arabo). In Pakistan il termine è usato per indicare scuole di religione islamica.

Maulana Parola di origine araba, è un titolo usato nel subcontinente indiano per indicare un erudito di questioni religiose.

Miliziani Uomini armati inquadrati in un'organizzazione militare.

Moschea Edificio sacro dei musulmani, destinato al culto e alla preghiera.

Mullah Parola di origine araba, usata in Pakistan per indicare la persona che guida la preghiera in moschea.

Pashtun È uno dei gruppi etnici presenti in Afghanistan e in Pakistan. Parlano la lingua pashto.

Ramadan Nono mese del calendario lunare islamico durante il quale, dall'alba al tramonto, vi è l'obbligo del digiuno (ma per i bambini più piccoli non è obbligatorio).

Risciò Mezzo di trasporto molto diffuso in Asia. Nella sua forma originale, un uomo traina un carrello a due ruote su cui siedono una o due persone; ma oggi sono molto diffusi i risciò a motore, detti anche auto-risciò.

Urdu È la lingua nazionale del Pakistan.

Chi sono i talebani?

Sono un gruppo di persone che vogliono applicare la loro visione rigidissima della religione islamica, una visione che non è condivisa da molti altri musulmani. All'inizio però molta gente in Afghanistan e nel Nord del Pakistan li aveva appoggiati, perché promettevano di riportare la pace, la sicurezza, di combattere la corruzione e di aiutare anche economicamente la gente.

Nelle zone sotto il proprio controllo, hanno vietato la televisione, la musica e il cinema. Costringono le donne a portare il *burqa* che le copre dalla testa ai piedi, e hanno proibito alle ragazze di andare a scuola. Hanno applicato punizioni come le esecuzioni pubbliche per gli assassini e l'amputazione delle mani per chi ruba. I talebani non permettono che nessuno agisca diversamente rispetto alla loro interpretazione della religione.

In Afghanistan sono stati al potere tra la metà degli anni '90 e il 2001. In Pakistan invece non hanno mai preso il controllo dell'intero Paese né del governo, ma ci sono gruppi di pachistani talebani specialmente nelle zone al confine con l'Afghanistan.

Cosa è successo dopo la fine del libro?

Malala è rimasta a vivere in Inghilterra, con il papà, la mamma e i due fratelli.

Il 12 luglio 2013, nel giorno del suo sedicesimo compleanno, ha parlato per la prima volta pubblicamente dopo l'attentato: è successo a New York, nella sede delle Nazioni Unite. Il suo discorso, che potete vedere anche su YouTube, è stato un messaggio di perdono e di pace, a favore dell'istruzione di tutti i bambini e le bambine del pianeta. La frase più famosa è questa: «Un bambino, un insegnante, un libro e una penna possono cambiare il mondo».

Nel 2013 è stata candidata al Premio Nobel per la Pace, ma non l'ha vinto. Poi però, in un giorno d'autunno del 2014, mentre Malala si trovava nella sua scuola a Birmingham durante la lezione di chimica, un'insegnante è entrata in classe, l'ha fatta uscire e le ha annunciato che stavolta era stata scelta per il Premio Nobel. Lo ha vinto insieme a Kailash Satyarthi, un attivista indiano che nella sua vita ha liberato più di ottantamila bambini dalla schiavitù.

Malala ha compiuto diciotto anni il 12 luglio del 2015. Non si è più recata in Pakistan, perché i talebani hanno dichiarato che riproveranno a ucciderla. Ma promette che un giorno ritornerà nel suo Paese: vuole diventare primo ministro per migliorare la vita delle persone.

Si dice Malàla o Màlala?

Malàla, con l'accento sulla seconda "a".

Ci sono altri bambini coraggiosi come Malala?

Sì, ce ne sono tanti. Per esempio, nel 2014 ho raccontato sulle pagine del mio giornale, il "Corriere della Sera", la storia di un ragazzino di nome Aitzaz Hasan, che viveva nel Nord-Ovest del Pakistan e che un giorno era arrivato tardi a scuola. Era rimasto davanti al cancello ma, a un certo punto, aveva notato un uomo che si avvicinava al palazzo con atteggiamento sospetto e, guardandolo bene, si era accorto che indossava un giubbotto esplosivo sotto i vestiti: era un attentatore suicida. Allora, anziché fare quello che molti di noi avrebbero fatto (e cioè scappare), si è gettato addosso a quell'uomo per impedirgli di entrare nella sua scuola. Così Aitzaz ha salvato la vita di tutti i suoi compagni, ma ha sacrificato la propria, perché l'attentatore si è fatto esplodere lo stesso fuori dal cancello.

Un'altra storia di una bambina coraggiosa è quella di Nojoud Ali, che viveva a Sana'a, la capitale dello Yemen. Aveva nove anni, ma era stata costretta dalla famiglia a sposare un uomo trentenne anche se lei non voleva. E allora è andata in tribunale e ha chiesto il divorzio. Lo ha ottenuto ed è diventata un esempio per tante altre spose bambine come lei.

Indice

VIVIANA MAZZA

L'AUTRICE

È nata in Sicilia e vive a Milano, ma appena può prende l'aereo. Ha studiato e lavorato sia in America che in Egitto. Ora fa la giornalista e negli ultimi anni è stata inviata dal suo giornale, il "Corriere della Sera", in Pakistan, Siria, Iran, Nigeria, Israele e nei Territori palestinesi.
Per i ragazzi ha pubblicato con Mondadori *Storia di Malala* e *Il bambino Nelson Mandela*.

©wolfango spaccarelli

PAOLO D'ALTAN

L'ILLUSTRATORE

Nato a Milano in un giorno di luglio del secolo scorso, quando aveva 8 anni si trasferì con i genitori nel verde della campagna varesina – tra campi e boschi – vicino all'omonimo lago, dove crebbe con due fratelli, gatti e cani. Diventato adulto, è tornato a Milano, dove vive con gatti, cane, moglie e figlia. Quasi autodidatta, ha illustrato per la pubblicità, per diverse riviste e quotidiani e un bel numero di libri per ragazzi; ha ricevuto numerosi premi, e disegna guardando dalle finestre il verde di un parco.